Ana Neila Torquato
Escreveu

Sami Ribeiro
Ilustrou

DÓ, O GATO MUSICAL

Ciranda
na Escola

Dados Internacionais de Catalogação na Publicação (CIP) de acordo com ISBD

T687d	Torquato, Ana Neila.
	Dó, o gato musical / Ana Neila Torquato ; ilustrado por Sami Ribeiro. - Jandira, SP : Ciranda na Escola, 2025.
	40 p.: il.; 24,00m x 24,00cm.
	ISBN: 978-65-5384-544-2
	1.Literatura infantil. 2. Rimas. 3. Música. 4. Ritmo. 5 Sinfonia. I.Ribeiro, Sami. II Título.
2024-2033	CDD 028.5
	CDU 82-93

Elaborado por Lucio Feitosa - CRB-8/8803
Índice para catálogo sistemático:
1. Literatura infantil : 028.5
2. Literatura infantil : 82-93

Ciranda na Escola é um selo do Grupo Ciranda Cultural.

© 2025 Ciranda Cultural Editora e Distribuidora Ltda.
Texto original © Ana Neila Torquato
Ilustrações: Sami Ribeiro
Editora: Elisângela da Silva
Revisão: Maria Luisa Mota Gan e Karina Barbosa dos Santos
Projeto gráfico e diagramação: Ana Dobón
Produção: Ciranda Cultural
Ficha técnica da canção:
Nome: O Dó da Vovó
Música, letra e melodia: Amanda Luz e Priscila Egídio Sabino
Voz: Mariana Luz

1ª Edição em maio de 2025
www.cirandacultural.com.br

Para Eliana Sade, que ama bichanos.

Para Mariana Luz, que sabe ninar gatos e
humanos com sua voz de melodia.

DÓ

DÓ É O GATO DA VOVÓ.

DÓ - RÉ

DÓ REMEXE E MEXE
QUANDO QUER CARINHO.

DÓ - RÉ - MI

14

DÓ MIA MANHOSO PARA GANHAR
LEITE OU UM PETISCO GOSTOSO.

DÓ - RÉ - MI - FÁ

DÓ FAZ BAGUNÇA NO SOFÁ.

DÓ - RÉ - MI - FÁ - SOL

DÓ SOLTA E PUXA OUTRA VEZ
O NOVELO DE LÃ PARA BRINCAR.

DÓ - RÉ - MI - FÁ - SOL - LÁ

DÓ, **LÁ** NO QUINTAL, SE ESTICA TODO
E COMEÇA A BOCEJAR.

30

DÓ QUER DORMIR.
SILÊNCIO!

34

DESCOBRI QUE **DÓ** É UM GATO MUSICAL.

MIAU!

ALGUÉM AÍ SABE CANTAR
UMA CANÇÃO DE NINAR?

ANA NEILA TORQUATO vive em Brasília e já escreveu mais de uma dezena de livros infantis, alguns deles reconhecidos com o selo PNLD Literário. Pedagoga com especialização em Educação Infantil e em Literatura Infantil e Juvenil, ela encontra nas crianças, na natureza e nos sentimentos suas maiores fontes de inspiração. Além de escrever, atua como coordenadora pedagógica, mediadora de leitura e contadora de histórias em uma biblioteca encantadora, onde também conduz uma roda de leitura muito especial com bebês leitores.

@ananeilatorquato

Site: www.ananeilatorquato.com.br

SAMI RIBEIRO nasceu no estado de São Paulo, mas vive no Paraná. Formou-se no Magistério e em Desenho Industrial. É designer, escritor, ilustrador de livros infantis há dezoito anos, com mais de cinquenta trabalhos publicados, entre livros didáticos e paradidáticos. Ah! E também é aspirante a cozinheiro. Sami é apaixonado por artes, música, cinema, conversas profundas, dias frios e olhares longos.